Einleitung

Fachwissenschaftliche Überlegungen

Die Französische Revolution von 1789 war die erste tiefgreifende Erschütterung der monarchisch-ständischen Ordnung in Europa. Sie war kein auf Frankreich beschränktes Ereignis. Ihre Auswirkungen beeinflussten, in unterschiedlicher Stärke, die gesamte europäisch-atlantische Welt. Es verwundert daher nicht, dass Ursachen, Verlauf und Folgen der Revolution von Anfang an ein geschichtspolitisch „heißes Eisen" und in der Historiographie erbittert umkämpft waren. Im 19. und im frühen 20. Jahrhundert standen konservativ-royalistische Gegner der Revolution gegen liberale, demokratische und sozialistische Historiker, die sich mit der Revolution insgesamt oder wenigstens mit einzelnen ihrer Phasen identifizierten und in ihr ein inspirierendes Vorbild im Sinne einer „usable past" sahen. In der zweiten Hälfte des 20. Jahrhunderts fand dieser Konflikt im Zeichen des Kalten Krieges seine Fortsetzung in der Auseinandersetzung zwischen „jakobinischen Marxisten" und „Revisionisten", die im Vorfeld des Bicentenaire 1989 kulminierte.

Inzwischen ist der Streit abgeflaut. Die Implosion des Marxismus im Gefolge des Zusammenbruchs der Sowjetunion, der „linguistic turn" in den Sozialwissenschaften und das Vordringen von postkolonialen und feministischen Fragestellungen haben die Fronten verschoben und die geschichtspolitische Relevanz der Französischen Revolution relativiert. Zudem hat die vor allem in Frankreich selbst, aber auch in Großbritannien und den USA sehr produktive Einzelforschung eine Fülle von Material bereitgestellt, das sich vorschnellen Globalinterpretationen zunehmend entzieht. Insgesamt haben sozialgeschichtliche Ansätze, die die Revolution primär als den Machtkampf klar definierter sozialer Gruppen betrachten, an Bedeutung verloren zugunsten von Interpretationen, die Ideen, Diskurse, Weltbilder und Mentalitäten betonen und die Revolution nicht in erster Linie als Sozialkonflikt, sondern als eine Neugestaltung der politischen Kultur und des gesellschaftlichen Bewusstseins auffassen.

In den letzten Jahrzehnten sind viele Aspekte ins Zentrum der Forschung gerückt, die früher nicht oder nur am Rande beachtet worden waren. Hier ohne Anspruch auf Vollständigkeit einige Ergebnisse dieser Forschungen:

- In den Jahrzehnten vor der Revolution fand in Paris und anderen Städten des Königreiches eine Politisierung der Bevölkerung statt. Dies geschah im Zusammenhang mit den eskalierenden Konflikten zwischen der königlichen Regierung und den aristokratisch dominierten obersten Gerichtshöfen (Parlements), deren Propaganda zunehmend die ideologischen Grundlagen der Monarchie in Frage stellte.
- In den Jahrzehnten vor der Revolution verfolgten die Minister Ludwigs XV. und Ludwigs XVI. in immer neuen Anläufen eine umfassende Reformpolitik im Geist des aufgeklärten Absolutismus, die aber im Geflecht unterschiedlicher Interessen steckenblieb oder widerrufen wurde und insgesamt die Monarchie nicht stärkte, sondern destabilisierte.
- Einer der größten Fehler der Revolutionäre war der Konflikt mit dem traditionalistischen Flügel der Katholischen Kirche und den diesen unterstützenden Gläubigen. Die Revolutionäre produzierten dadurch geradezu Distanz und Widerstand in weiten Teilen der Bevölkerung und verschafften der militanten Gegenrevolution eine Massenbasis.
- Viel stärker als früher ist heute klar, wie stark der Ausbruch des Krieges gegen die europäischen Monarchien 1792/93 ein Ergebnis der innenpolitischen Kämpfe in Paris war und dass sich die Revolutionäre – bis auf wenige Ausnahmen – in ein Abenteuer stürzten, das sie schon bald nicht mehr beherrschen konnten.
- Fatal für die Stabilität der neuen Ordnung wirkte sich aus, dass alle revolutionären Gruppierungen dazu neigten, Opposition nicht als legitime Kritik zu sehen, sondern als die Umtriebe einer von den Emigranten und dem Ausland gesteuerten diabolischen Verschwörung. Diese Verschwörungshysterie vergiftete das innenpolitische Klima und gab ambitionierten Politikern ein Narrativ an die Hand, mit dem sie ihre Gegner dämonisieren und letztlich liquidieren konnten.
- In den letzten Jahren wird in der Forschung wieder stärker betont, dass die Französische Revolution ein transnationales, ja bis zu einem gewissen Grad ein globales Ereignis war. Damit sind nicht nur die territoriale Expansion des revolutionären Frankreich und die Gründung von französischen Satellitenstaaten („Schwesterrepubliken") gemeint, sondern auch und vor allem die Tatsache, dass die Revolution ein internationales Medienereignis war, dass zahllose revolutionäre Texte im Original oder in Übersetzung im Ausland rezipiert wurden und dass es fast überall mehr oder weniger starke Minderheiten von „Patrioten/Demokraten/Jakobinern" gab, die ihre Heimat in Kooperation mit dem revolutionären Frankreich nach französischem Vorbild umgestalten wollten.

Fachdidaktische Überlegungen

Die vorliegenden Materialien erheben nicht den Anspruch, alle Phasen der Revolution und alle relevanten Aspekte und Probleme gleichgewichtig zu thematisieren. Sie konzentrieren sich vielmehr auf einige wenige Fragen, die nicht nur für das Verständnis der Französischen Revolution selbst wichtig sind, sondern auch für die Erklärung anderer Revolutionen, etwa in Deutschland 1848/49 oder in Russland 1917. Es sind dies der Zusammenhang von Reform und Revolution sowie die Gründe und der Charakter der Radikalisierung der Revolution in den Jahren 1792–1794. In einem abschließenden Teil wird die transnationale Bedeutung der Revolution in den Blick genommen und am deutschen Beispiel mit Schwerpunkt auf der Mainzer Republik das Problem von Reform und/oder Revolution erneut thematisiert, jetzt in einem anderen Kontext und mit anderen Folgen als in Frankreich.

Die hier vorgestellte Konzeption hat u. a. die Konsequenz, dass die fünf Jahre nach dem Sturz Robespierres im Juli 1794 bis zur Machtergreifung Bonapartes im November 1799 nur am Rande thematisiert werden. Da die oben angesprochenen Probleme vertieft auf einer größeren Materialgrundlage behandelt werden sollen, ist diese Reduktion nicht zu vermeiden, auch wenn dadurch die sicher bedeutsame Frage nach dem Erfolg bzw. dem Scheitern der Revolution weitgehend aus dem Blick gerät.

Das vorliegende Unterrichtsmodell verzichtet ferner auf die Präsentation von Materialien, die sich in allen geläufigen Unterrichtswerken finden und deshalb für Lehrende und Lernende gleichermaßen leicht zugänglich sind. Gemeint sind hier vor allem Visualisierungen der Ständegesellschaft und grafische Darstellungen der revolutionären Verfassungen. Gleiches gilt für im 19. Jahrhundert entstandene Historiengemälde. Das vorgelegte und aufbereitete Material besteht zum einen aus Auszügen aus zeitgenössischen Proklamationen, Reden und Briefen – es wurde Wert darauf gelegt, Ego-Dokumente zu zitieren und auf diese Weise einen direkten Zugriff auf zeitgenössische Sichtweisen und Interpretationen zu ermöglichen. Zum anderen werden Beispiele der zeitgenössische Bildpublizistik revolutionärer wie gegenrevolutionärer Provenienz vorgelegt, bekanntlich das neben der Presse wohl wichtigste Medium im „Medienkrieg" um die Revolution. Am Beispiel der „Schreckensherrschaft" wird zudem eine der großen wissenschaftlichen und geschichtspolitischen Debatten an Hand zweier kontroverser Deutungen vorgestellt. Dabei wurde auf eine explizit marxistische Sichtweise verzichtet, nicht zuletzt aus dem Grund, dass Schülerinnen und Schüler heute mit der marxistischen Terminologie und dem dahinter stehenden Geschichtsbild oft wenig anfangen können und Texte dieser Art die Auseinandersetzung mit dem eigentlichen Gegenstand unnötig erschweren würden.

Die Materialien bieten insgesamt einen multiperspektivischen Zugang zur Französischen Revolution. Sie stellen kontroverse Positionen einander gegenüber und ermöglichen es, bei aller unvermeidlichen didaktischen Reduktion die Komplexität des Gegenstands deutlich zu machen. Der am Ende angebotene Klausurvorschlag nimmt noch einmal zentrale Probleme der Unterrichtseinheit – Reform und Revolution, Radikalisierung und deutsche Reaktion(en) auf die revolutionäre Herausforderung – in den Blick und gibt den Lernenden die Möglichkeit, sowohl zu einem problemorientierten Sachurteil als auch zu einem reflektierten Werturteil über den Unterrichtsgegenstand zu gelangen.

Krise und Zusammenbruch der alten Ordnung

M1 Kurznachrichten aus dem vorrevolutionären Frankreich

A Während des 18. Jahrhunderts steigen die Preise für landwirtschaftliche Produkte um 62 Prozent, die Löhne um 26 Prozent.

B Seit 1750 versuchen verschiedene Chefminister der Könige Ludwig XV. und Ludwig XVI., Verwaltung, Steuersystem und Justiz im Geiste eines aufgeklärten Absolutismus zu reformieren.

C Der Handel Frankreichs mit seinen Kolonien verzehnfacht sich im 18. Jahrhundert. Die wichtigste Kolonie ist Saint-Domingue (Haiti), wo Hunderttausende Sklaven auf Plantagen Zucker, Baumwolle und Kaffee herstellen.

D Die Bevölkerung Frankreichs wächst zwischen 1700 und 1789 von circa 21,5 Millionen auf 28,1 Millionen im Jahr 1790. Die hohe Kindersterblichkeit verändert sich kaum. Bei der Geburt beträgt die theoretische Lebenserwartung weniger als 30 Jahre.

E Frankreich unterstützt den Aufstand der britischen Kolonien in Nordamerika gegen die britische Herrschaft massiv, zunächst mit Geld, Waffen und Freiwilligen, um dann 1778 offen in den Konflikt einzugreifen und entscheidend zum Erfolg der Amerikaner beizutragen.

F Viele gebildete Franzosen bewundern die politischen Verhältnisse in England und begeistern sich für Verfassung, Gewaltenteilung und Religionsfreiheit.

G Während des 18. Jahrhunderts geht die Zahl der Franzosen, die Priester werden oder in ein Kloster eintreten wollen, deutlich zurück. Trotz der Zensur erscheinen zahlreiche Bücher und Pamphlete, die Religion und Klerus teilweise sehr aggressiv kritisieren.

H Im Siebenjährigen Krieg (1756–1763) erleidet Frankreich gegen England und Preußen vernichtende Niederlagen und muss große Teile seines Kolonialreichs an die Engländer abtreten. Der Krieg verschlimmert die Verschuldung der Monarchie und erschüttert das Prestige König Ludwigs XV.

I Die obersten Gerichtshöfe (Parlements) des Landes entwickeln sich immer mehr zu scharfen Kritikern der absoluten Monarchie. Sie blockieren dabei auch sinnvolle Reformen und bestehen auf der Aufrechterhaltung der Sonderrechte (Privilegien) der ersten beiden Stände und einzelner Provinzen des Landes.

J 1788 betragen die Einnahmen des französischen Staates 471,6 Mill. Livres, die Ausgaben 633,1 Mill. Livres. Allein der Schuldendienst (Tilgung und Zinsen) verschlingt 261,1 Mill. Livres, das Militär 158,9 Mill. und der Hof 42 Mill.

K Ludwig XVI. ist ein schwacher, oft entscheidungsschwacher Herrscher, der sich von seiner Frau, der österreichischen Prinzessin Marie Antoinette, und adligen Höflingen leicht manipulieren lässt.

L Im Sommer 1788 werden in Nordfrankreich große Teile der Ernte durch Unwetter zerstört. Der folgende Winter ist extrem kalt. Der Verkehr kommt weitgehend zum Erliegen, wegen der vereisten Flüsse müssen viele Mühlen ihren Betrieb einstellen. Die Preise für Getreide und Brot steigen rasant.

M Trotz der Zensur erscheinen vor allem seit ca. 1750 immer wieder Schriften, die Adel und Klerus kritisieren, eine Abschaffung der Todesstrafe fordern, Binnenzölle und Zünfte in Frage stellen oder Zweifel am Sinn eines absolutistischen Regierungssystems äußern. Besonders radikale Schriften werden oft im Ausland gedruckt und nach Frankreich eingeschmuggelt.

Verfassertext

1. Stelle die Faktoren zusammen, die in den verschiedenen Bereichen von Staat und Gesellschaft zum Zusammenbruch der alten Ordnung führten.
2. Nimm Stellung zu der These, in Frankreich habe man nicht versucht, durch rechtzeitige Reformen eine Revolution abzuwenden.

M2 Aus einer Rede des Justizministers Lamoignon, 19. November 1787

Die souveräne Macht in diesem Königreich gehört allein dem König; er ist allein Gott dafür verantwortlich, wie er regiert [...]. Schließlich liegt die legislative Gewalt ausschließlich in der Person des Souveräns, der von niemandem abhängig ist und seine Macht mit niemand teilen muss. [...] Der König allein hat das Recht, die Generalstände einzuberufen und er allein muss bewerten, ob eine solche Einberufung sinnvoll oder notwendig ist [...] Die Vertreter der drei Stände sind für den König nur ein erweitertes Beratungsgremium, zusammengesetzt aus den gewählten Mitgliedern einer Familie, in der der König das Oberhaupt ist. Er allein hat immer die höchste Entscheidung darüber, was mit den Vorschlägen oder Beschwerden der Stände zu geschehen hat.

Aus: Philip Dwyer: The French Revolution and Napoleon. A sourcebook, Florence 2002, S. 1 f.

M3 Aus der „Denkschrift der Prinzen von Geblüt", 12. Dezember 1788

Die Prinzen von Geblüt waren die mit der Königsdynastie der Bourbonen verwandten Mitglieder des französischen Hochadels.

[I]n den Regierungsprinzipien braut sich eine Revolution zusammen; sie wird gefördert durch die Gärung in der öffentlichen Meinung. Angeblich geheiligte Institutionen, die das Wohlergehen dieser Monarchie seit so vielen Jahrhunderten sichergestellt haben, sind zum Gegenstand von Debatten geworden oder werden sogar als Ungerechtigkeiten bezeichnet. [...]

Jeder Autor beansprucht, ein Gesetzgeber zu sein; Gewandtheit beim Reden oder die Fähigkeit zu schreiben [...] scheinen auszureichen, die Verfassung eines großen Reiches festzulegen: Jeder, der einen gewagten Vorschlag verkündet, jeder, der vorschlägt, das Gesetz zu ändern, kann sicher sein, Leser und Zuhörer zu finden. [...]

Wer kann sagen, wo diese Rücksichtslosigkeit der öffentlichen Meinung stoppen wird? Die Rechte des Throns sind in Frage gestellt worden, die Rechte der ersten beiden Stände spalten die Öffentlichkeit; bald werden die Besitzrechte angegriffen werden; die Ungleichheit der Vermögen wird als ein Objekt von Reformen dargestellt werden; man hat schon vorgeschlagen, die Feudalrechte als ein System der Barbarei und als Überreste der Unterdrückung abzuschaffen.

Möge der Dritte Stand deshalb aufhören, die Rechte der ersten beiden Stände anzugreifen; Rechte, die genauso alt sind wie die Monarchie, müssen so unveränderlich sein wie deren Verfassung [...].

Aus: Archives parlementaires. De 1787 à 1860, Serie 1, Bd. 1, S. 487–489

M4 Aus einer anonymen Flugschrift, Winter 1788/89

Eigentlich gibt es in Frankreich nur zwei Stände, den Adel und das Volk. [...] Ich für meinen Teil [...] behaupte, dass der Adel ein Nichts ist. Auf den Adel kann der König verzichten, nicht aber auf das Volk. Ohne das Volk ist der Adel nur ein kleiner Splitter der Nation, der nicht einmal ausreicht, eine mittelmäßige Provinzstadt zu bevölkern. Das Volk dagegen bildet auch ohne den Adel und selbst ohne die mit diesem verbündete Geistlichkeit eine ungeheure Masse – ebenso arbeitsam im Innern wie wehrhaft nach außen. Vom Volke empfängt der Staat Unterhalt und Wohlstand, im Volke bestehen seine Kraft und sein Ruhm.

Aus: Rolf Reichardt (Hg.): Ploetz – Die Französische Revolution, Freiburg 1988, S. 35

1. Erläutere die politischen Positionen, die in M2 und M3 vertreten werden.
2. Vergleiche diese Positionen mit der in M4 formulierten Einstellung.
3. Informiere dich über die ständische Gesellschaft Frankreichs vor der Revolution und präsentiere deine Ergebnisse der Klasse.

M5 Ausbruch und Sieg der Revolution 1787–1789

Frankreich wurde 1787–1789 von vier Revolutionswellen erschüttert. Diese vier Wellen verfolgten unterschiedliche Ziele und wurden von verschiedenen gesellschaftlichen Gruppen getragen: Schnell entstand eine politische und soziale Dynamik, die innerhalb von zwei Jahren zum Zusammenbruch der absoluten Monarchie und zur Infragestellung der ständischen Privilegiengesellschaft führte. Entscheidend hierfür war, dass einerseits Ludwig XVI. und seine Minister schon im Lauf des Jahres 1788 die Kontrolle über die politische Entwicklung völlig verloren und andererseits immer größere Gruppen der Bevölkerung vor dem Hintergrund einer sich verschlechternden wirtschaftlichen Lage (Missernten, Preissteigerungen, Arbeitslosigkeit) in das politische Geschehen eingriffen. Der Konflikt ließ sich nicht mehr auf Königtum, Adel, hohen Klerus und das gebildete Besitzbürgertum, die Spitze des Dritten Standes, beschränken, sondern mobilisierte tendenziell die gesamte Bevölkerung.

Die erste Welle begann im Frühjahr 1787. Sie wurde getragen von großen Teilen des Adels, die sich gegen die Reformpolitik der absoluten Monarchie wandten und eine Einschränkung des königlichen Machtmonopols zugunsten der ersten beiden Stände verlangten. Diese Welle wurde auch von Teilen der nichtadligen Oberschicht unterstützt. Sie erzwang im Sommer 1788 die Einberufung der Generalstände und eröffnete damit die Perspektive einer Überwindung der absoluten Monarchie. Danach entbrannte in der Öffentlichkeit eine erbitterte Propagandaschlacht über die Frage, wie die Generalstände zusammengesetzt sein sollten und welche Veränderungen sie in Angriff nehmen sollten. Die Konfliktlinien zwischen den ersten beiden Ständen und dem Dritten Stand verhärteten sich.

Die zweite Welle fand im Juni 1789 in den Generalständen in Versailles statt. Die Abgeordneten des Dritten Standes – fast alle Angehörige der wohlhabenden und gebildeten Ober- und Mittelschicht (Beamte, Juristen, Ärzte, Schriftsteller) – widersetzten sich dem Verlangen des Königs und der Vertreter der ersten beiden Stände, getrennt nach Ständen zu tagen und abzustimmen. Am 17. Juni erklärten sich die Vertreter des Dritten Standes zur Nationalversammlung und erhoben den Anspruch, Frankreich eine neue Verfassung zu geben.

Die dritte Welle erreichte ihren Höhepunkt am 14. Juli 1789 mit dem erfolgreichen Sturm auf die Bastille, einem festungsähnlichen Staatsgefängnis im Osten von Paris. In den Tagen vorher schien es, als wolle Ludwig XVI. die Nationalversammlung gewaltsam auflösen. In Paris kam es zu Zusammenstößen zwischen Angehörigen aller Bevölkerungsschichten und Regierungstruppen. Die Eroberung der Bastille nach einem blutigen Gefecht zwang den König, seine – halbherzigen – Pläne einer Gegenrevolution aufzugeben und sich bereit zu erklären, mit der Nationalversammlung bei der Neugestaltung des Landes zusammenzuarbeiten. Zu ähnlichen Aufständen wie in Paris kam es auch in anderen Städte.

Die vierte Welle fand in der zweiten Julihälfte statt. In vielen Teilen des Landes kam es zu Bauernaufständen. Die Bauern stürmten die Landsitze ihrer Grundherren, zwangen diese, die Urkunden herauszugeben, in denen ihre Abgaben und sonstigen Verpflichtungen verzeichnet waren, und verbrannten diese. Zuweilen wurden auch die Schlösser und Landsitze ein Opfer der Flammen. Um die sich im Land ausbreitende Gewalt und Anarchie einzudämmen, beschloss die Nationalversammlung in einer improvisierten Nachtsitzung am 4./5. August die Abschaffung der Privilegien und des grundherrschaftlichen Systems.

Im ganzen Land kam es zu einer Politisierung der Bevölkerung. Hunderte Zeitungen erschienen, zahllose Flugschriften und Bücher mit politischem Inhalt wurden veröffentlicht, politische Clubs wurden gegründet. Die Nationalversammlung nahm eine umfassende Neugestaltung der politischen und gesellschaftlichen Verhältnisse in Angriff. Schnell wurde dabei deutlich, dass unter den Abgeordneten große Meinungsverschiedenheiten existierten, wie das neue Frankreich aussehen sollte. Zugleich verließen immer mehr Adlige das Land und versuchten, die europäischen Monarchien zu einem militärischen Eingreifen in Frankreich zu bewegen.

Verfassertext

1 Setze die in M2, M3 und M4 sichtbar werdenden politischen Positionen und Forderungen in Beziehung zur Entwicklung in Frankreich in den Jahren 1787–1789.

Neuordnung, Politisierung und Radikalisierung

M1 Auswahl der Beschlüsse der Verfassungsgebenden Nationalversammlung in den Jahren 1789–1791

A Der Titel des Königs lautet nicht mehr „Ludwig, durch die Gnade Gottes König von Frankreich und Navarra", sondern „Ludwig, König der Franzosen".

B Die Diskriminierung von Protestanten und Juden wird aufgehoben und beide Gruppen erhalten die gleichen Rechte wie alle anderen Franzosen.

C Das Prinzip der Gewaltenteilung wird zur Grundlage der im Sommer 1791 verabschiedeten neuen Verfassung: Die Exekutive liegt beim König, die Legislative gemeinsam bei einem gewählten Parlament und dem Monarchen, die Judikative bei unabhängigen Gerichten.

D Die Privilegien der beiden ersten Stände werden abgeschafft, ebenso wie die Sonderechte einzelner Provinzen oder Städte.

E Ungefähr 60 Prozent der erwachsenen Männer erhalten das Wahlrecht und sind damit sog. Aktivbürger. Das Wahlrecht ist von der Steuerleistung abhängig. Frauen haben kein Wahlrecht.

F Die Erklärung der Menschen- und Bürgerechte verankert das Recht auf freie Meinungsäußerung, die Pressefreiheit sowie die Gleichheit bei der Besteuerung.

G Der König erhält ein sog. aufschiebendes (suspensives) Veto. Theoretisch kann er Gesetze der Nationalversammlung für mehrere Jahre blockieren.

H Die Geistlichen werden zu Staatsbeamten. Sie werden von den Aktivbürgern gewählt und müssen einen Eid auf die Verfassung leisten. Alle Bischöfe und ca. die Hälfte der Pfarrer, aber auch viele Gläubige lehnen diese Bestimmungen entschieden ab und sehen in ihnen einen Angriff auf die Religion.

I Die – weithin bedeutungslose – Leibeigenschaft sowie weitere Vorrechte der Grundherren werden abgeschafft. Die Bauern müssen jedoch weiterhin Abgaben an die Grundherren leisten, sofern sie nicht in der Lage sind, durch die einmalige Zahlung einer größeren Summe diese Abgaben „abzulösen".

J Der Besitz der Kirche wird verstaatlicht und in den folgenden Jahren bei Versteigerungen an zahlungskräftige Käufer verkauft.

K Binnenzölle werden genauso abgeschafft wie Zünfte. Die Gewerbefreiheit wird eingeführt, allerdings werden auch Zusammenschlüsse von Arbeitern und Streiks verboten.

L Der König ernennt die Minister, ohne auf die Zustimmung der Nationalversammlung angewiesen zu sein.

M Ämter in der staatlichen Verwaltung sollen in Zukunft für alle Bürger, unabhängig von der Geburt und nur abhängig von Befähigung und Leistung, zugänglich sein.

Verfassertext

1. Untersuche, welche gesellschaftlichen Gruppen von der Neuordnung Frankreichs in den Jahren 1789–1791 eher Vorteile und welche eher Nachteile hatten.
2. Erläutere, wie sich die Position des Königs im Zuge dieser Neuordnung veränderte.
3. Benenne die Faktoren, die die mangelnde Stabilität der Neuordnung erklären helfen.

M2 Der englische Schriftsteller William A. Miles über die Entwicklung in Frankreich

William Augustus Miles (1753/54–1817) war ein englischer politischer Schriftsteller. In den Anfangsjahren der Französischen Revolution hielt er sich als Agent der britischen Regierung in Paris auf, um die Politik dort im Sinne Großbritanniens zu beeinflussen.

28. August 1790:
Der Palais-Royal, die Tuilerien, die Brücken und alle öffentlichen Plätze sind voller Zeitungsverkäufer und Leute, die über Politik sprechen; Menschen aus den unterschiedlichsten sozialen Gruppen fangen an, über die Prinzipien der Regierung zu diskutieren [...]. Wir missverstehen in England diese Leute sehr, wenn wir uns einbilden, dass ihre Einstellungen und ihr Verhalten weiterhin so bleiben werden, wie sie es unter dem Despotismus ihrer alten Regierung waren. Jeder, der Sympathien für den Fortschritt der menschlichen Erkenntnis empfindet oder der zugesteht, dass Regierungen errichtet werden für das allgemeine Beste und nicht für den Machtzuwachs einiger weniger, wird erfreut sein über die Veränderung, die in Frankreich stattgefunden hat, und er wird mit Ungeduld eine ähnliche Revolution in denjenigen Staaten erhoffen, wo ein Einzelner durch den Zufall der Geburt über seinen Mitmenschen steht, sich mit dem Titel Souverän schmückt und sich als absoluter Herr über Leben und Vermögen derjenigen betrachtet, die er sich erkühnt, als seine abhängigen Untertanen zu betrachten.

24. Dezember 1790:
18 Monate sind vergangen, seit das königliche Zepter gewaltsam den Händen seines schwachen und verwirrten Souveräns entrissen wurde, und von dieser Zeit bis zur Gegenwart haben wilde Ungeheuerlichkeiten jeder Art [...] die Geschichte dieses erbärmlichen, verarmten und von Konflikten zerrissenen Königsreichs befleckt. Die Nation hat keine Steuereinnahmen und keine Regierung, die Hauptstadt und die Provinzstädte sind ohne Sicherheit und Ordnung, das Parlament ist ohne talentierte und rechtschaffene Mitglieder und hat nur Ansehen bei dem unvernünftigen und blutdurstigen Pöbel [....]. Es gibt nicht einmal in der fernsten Zukunft die Aussicht, dass die öffentliche Ruhe wieder hergestellt wird. [Die Revolutionäre] beabsichtigen vielmehr, das Übel wie eine Seuche auszubreiten und ihre schrecklichen Untaten über die bewohnte Welt zu verbreiten. Man bildet Komitees und nimmt Verbindung auf mit den Extremisten aller Nationen und jeder Orientierung, um diesen teuflischen Plan zu verwirklichen. [...]

Ein zu Bettlern gewordener Klerus und ein in die Verbannung getriebener Adel beklagen sich laut über Unterdrückung und versuchen sich mit nicht nur ungeeigneten, sondern auch verantwortungslosen Mitteln zu rächen. Ihre Hirngespinste und ihr Wahnsinn, oder besser ihre Verbrechen könnten der Königin und ihren Kindern ihr Leben kosten, denn dem ersten ernsthaften Aufstandsversuch der gegenrevolutionären Adligen wird die Zerstörung der königlichen Familie folgen, und dies wird auch ihr Schicksal sein, sollte sich irgendeine ausländische Macht einmischen.

Aus: The Correspondence of William Augustus Miles on the French Revolution 1789–1817. Bd. 1, London 1890, S. 159–160, 187–190

1. Beschreibe die Einstellung von Miles zur Französischen Revolution.
2. Untersuche, inwiefern sich seine Haltung zwischen August und Dezember 1790 verändert.

M3 Die patriotische (= revolutionäre) Entfettungspresse

Anonyme Radierung aus dem Jahre 1790:

Aus: Klaus Herding/Rolf Reichardt: Die Bildpublizistik der Französischen Revolution, Frankfurt/M. 1989, S. 107

1. Interpretiere die Karikatur.
2. Erläutere ihre ideologische Botschaft vor dem Hintergrund der Entwicklung in Frankreich in den Jahren 1789 und 1790.

M4 Aus Briefen des Abgeordneten Lindet an seinen Bruder Robert

Der gescheiterte Fluchtversuch Ludwigs XVI. im Juni 1791 löste unter den Revolutionären eine erbitterte Debatte darüber aus, wie mit dem König und der Monarchie überhaupt verfahren werden sollte:

23. Juni 1791: Frankreich ist in der Lage, der Welt das Beispiel eines Volkes zu geben, das weiß, wie man sich des Königs entledigt, und warum soll denn das Schicksal der Nationen von einer einzigen Person abhängen? Wenn man sich die Liste der Schwachköpfe und Verbrecher anschaut, die die Throne beschmutzt haben, sollte man versucht sein, sie alle zu stürzen.

27. Juni 1791: Überall ist die größte Ruhe wieder eingekehrt. Der König muss angesichts seiner Isolierung in den Tuilerien ziemlich erstaunt sein. [...] Frankreich ist von einem elektrischen Schlag getroffen worden, der mit einer unvorstellbaren Schnelligkeit das Königreich von einem Ende zum anderen getroffen hat. Überall die gleiche Energie, die gleiche Ordnung, die gleichen Gefühle, die gleiche stolze und unerschütterliche Haltung; die Freiheit wird verteidigt von zwei oder drei Millionen, und die Verfassung ist umgeben von Tausenden Kanonen [...], die heute die besten Argumente des Volkes sind. Von einem Ende Frankreichs bis zum anderen hat man sich beeilt, der Nationalversammlung Erklärungen zu schicken, die äußerst entschieden formulierte Prinzipien des öffentlichen Rechts enthalten.

Man muss zugeben, dass wir heute in einer einzigartigen Position sind: ein König in Gefangenschaft, ein König, der nicht mehr der Vertrauen der Nation erhalten wird, die Wut im Herzen der Königin und der Höflinge, die Erniedrigung des Hofes [...].

Möge die Vorsehung über Frankreich wachen, und mögen seine Geschicke nicht mehr von einem einzigen Menschen abhängen, wer immer auch das sei.

14. Juli 1791: Die Stimmung des Volkes wird immer hitziger, um die Nationalversammlung versammeln sich große Mengen von Menschen. Das Volk will, dass dem König der Prozess gemacht wird: Die große Mehrheit der Nationalversammlung vertritt die Ansicht, dass man dem König nicht den Prozess machen kann. Man argumentiert mit der Unverletzlichkeit des Königs, man argumentiert, dass es kein Gesetz gibt, das die Absetzung des Königs verkündet.

Aus: Amand Montier (Hg.): Correspondance de Thomas Lindet pendant la Constituante et la Législative, Paris 1899, S. 287, 290f., 297

M5 Die Schweinefamilie wird in den Stall zurückgeführt

Kolorierte Radierung 1791:

Aus: Klaus Herding/Rolf Reichardt: Die Bildpublizistik der Französischen Revolution, Frankfurt/M. 1989, S. 123

M6 Aus einer Rede von Antoine Barnave in der Nationalversammlung, 15. Juli 1791

Ich habe vor einiger Zeit gesagt, dass ich den Angriff der fremden Mächte und der Emigranten nicht fürchte, aber heute sage ich mit derselben Aufrichtigkeit, dass ich die Fortsetzung der Unruhen und des Aufruhrs fürchte, die uns so lange beschäftigen werden, als die Revolution nicht vollständig und friedlich beendet ist: Von außen her kann niemand Schaden anrichten, aber man fügt uns von innen her großen Schaden zu, wenn man uns mit unheilvollen Gedanken beunruhigt, wenn eingebildete Gefahren, die um uns herum geschaffen wurden, im Volk einigen Beistand gewinnen und jenen Männern einigen Einfluss verschaffen, die sich ihrer bedienen, um das Volk ständig in Aufruhr zu halten. Man fügt uns viel Leid zu, wenn man diese revolutionäre Bewegung andauern lässt, die alles zerstört hat, was es zu zerstören galt, die uns an den Punkt geführt hat, wo wir innehalten müssen: Sie wird nur durch einen friedlichen und gemeinsamen Entschluss beendet werden können. [...] Ihr habt dem Staat alles das wiedergegeben, was ihm genommen wurde; daraus ergibt sich diese große Wahrheit, dass wenn die Revolution noch einen Schritt weitergeht, sie dies nicht ohne Gefahr tun kann; dass auf der Linie der Freiheit die erste Handlung, die noch folgen könnte, die Vernichtung des Königtums wäre; und dass auf der Linie der Gleichheit die erste Handlung, die noch folgen könnte, der Angriff auf das Eigentum wäre.

Aus: Philippe-Joseph-Benjamin Buchez/Pierre Celestin Roux: Histoire Parlementaire de la Révolution Française, ou Journal des Assemblées Nationales depuis 1789 jusqu'en 1815. Bd. 11, Paris 1834, S. 65–66

1. Beschreibe die in M4 und M5 zum Ausdruck kommende Einstellung zu Ludwig XVI. und der Monarchie.
2. Erläutere demgegenüber Barnaves Haltung zur Revolution und zur Frage der Beibehaltung der Monarchie (M6).
3. Verfasse eine Erwiderung auf die Rede Barnaves aus der Sicht eines entschiedenen Gegners der Monarchie. Beziehe dich dabei u. a. auf die in M4 und M5 enthaltenen Informationen und Wertungen.

Krieg, Republik und Terror

M1 Die Radikalisierung der Revolution

Seit Sommer 1791 wurde immer deutlicher, dass es sehr schwierig werden würde, die durch die Revolution ausgelöste politische und soziale Dynamik wieder einzudämmen. Nach dem gescheiterten Fluchtversuch Ludwigs XVI. aus Paris im Juni 1791 wurden in der Bevölkerung die Stimmen lauter, die die Absetzung des Monarchen und die Beseitigung des Königtums verlangten. Auch verstärkten sich die Forderungen nach Abschaffung des Zensuswahlrechts. Zugleich verschlechterten sich die Beziehungen zwischen dem revolutionären Frankreich und den europäischen Monarchien. Am 20. April 1792 erklärte Frankreich Österreich den Krieg. Am 10. August stürmten revolutionäre Aktivisten den Palast Ludwigs XVI. in Paris und erzwangen die Absetzung des Königs. Es wurde ein neues Parlament, der Nationalkonvent, einberufen, dieses Mal auf der Basis des allgemeinen Männerwahlrechts, allerdings bei einer sehr geringen Wahlbeteiligung.

Der Nationalkonvent erklärte Frankreich zur Republik und machte Ludwig den Prozess. Am 21. Januar 1793 wurde er guillotiniert. Im Frühjahr 1793 verschlechterte sich die Lage der Revolutionäre dramatisch: Die französische Truppen erlitten schwere Niederlagen, in Westfrankreich, in der Vendée, kam es zu einem großen Aufstand katholisch-royalistischer Bauern, zugleich eskalierten die Konflikte zwischen gemäßigten und radikalen Republikanern in Richtung Bürgerkrieg. Zudem gelang es nicht, die Inflation einzudämmen, die Preise und hier auch vor allem der Brotpreis stiegen unaufhörlich an. Außerhalb des Parlaments forderten revolutionäre Aktivisten aus den unteren Bevölkerungsschichten (Sansculotten) einen erbarmungslosen Kampf nicht nur gegen Adlige und Royalisten, sondern auch gegen die „Reichen" insgesamt.

Angesichts dieser Lage errichtete der Konvent den sog. Wohlfahrtsausschuss, eine Art Notstandsregierung, die zunehmend mit diktatorischen Vollmachten das Land regierte. Dem Wohlfahrtsausschuss (Comité du salut public) gelang es bis zum Frühjahr 1794, die Lage zu stabilisieren, indem er gegen erheblichen Widerstand eine Art allgemeiner Wehrpflicht einführte, den Sansculotten durch die Festsetzung von Höchstpreisen entgegenkam, hart gegen wirkliche und angebliche Feinde der Revolution vorging und den Konvent von Kritikern und Konkurrenten „säuberte". Im Sommer 1794, die französischen Truppen drangen inzwischen wieder siegreich vor und eroberten das heutige Belgien, wuchsen in der Bevölkerung, im Konvent und sogar im Wohlfahrtsausschuss selbst die Stimmen derjenigen, die ein Ende der „Schreckensherrschaft" (la Terreur) forderten und dem Führer der Jakobiner, Maximilien Robespierre, vorwarfen, eine persönliche Diktatur errichten zu wollen. Am 27. Juli 1794 wurde Robespierre gestürzt und am folgenden Tag mit vielen Anhängern hingerichtet.

Von manchen Historikern wird die „Schreckensherrschaft" als ein „Entgleisen" der liberalen Revolution von 1789 interpretiert, andere sehen in ihr dagegen die logische Konsequenz der angeblich utopischen Ziele der Revolutionäre insgesamt. Andere wiederum betrachten die Jahre 1793/94 als eine nur temporäre Abweichung von den ursprünglich liberalen und partizipatorischen Intentionen der Revolutionäre, die der militärischen, wirtschaftlichen und politischen Krise geschuldet gewesen sei. Wie immer man auch die Akzente setzt, wenigstens für Robespierre und sein engeres Umfeld dürfte feststehen, dass es ihnen nicht nur um die Rettung der Revolution vor ihren inneren und äußeren Feinden ging, sondern um weit mehr, nämlich um die Schaffung eines „neuen Frankreich" durch eine mit Gewalt durchgesetzte „Kulturrevolution", die die Franzosen zu „tugendhaften", d. h. alles dem Sieg der Revolution unterordnenden politischen Aktivisten machen sollte. Wer hierzu nicht bereit oder fähig war, war in Gefahr, als „Volksfeind", „Verräter" oder „Agent Englands" denunziert, festgenommen und in vielen Fällen auch hingerichtet zu werden. Die mörderischen Konsequenzen dieser „Säuberungspolitik" wurden vor allen in der Vendée sichtbar.

Verfassertext

1. Erläutere, warum man die Jahre 1792–1794 als die radikale Phase der Französischen Revolution bezeichnet.
2. Informiere dich über die Ursachen, den Verlauf und die Folgen des Aufstands in der Vendée und stelle deine Ergebnisse der Klasse vor.

M2 Aus den Tagebüchern des Pariser Buchhändlers Nicolas Ruault (1789–1792)

Nach dem Sturm auf die Bastille, 22. Juni 1789:
Der König wusste nichts von diesen vielfältigen schrecklichen Plänen [der Gegner der Revolution]. Sie haben alles vor ihm verborgen gehalten, weil sie seiner Schwäche und seinem guten Herzen misstrauten. Es bedurfte der schrecklichen Explosion am Dienstag, um ihm die Augen über seine Höflinge zu öffnen. Das Volk liebt ihn noch immer und er könnte daraus Vorteile ziehen, wenn er gut beraten wird. Er hat fast alle aus seiner Umgebung weg gejagt [...], die in die Pläne der Verschwörer eingeweiht waren.

Nach dem gescheiterten Fluchtversuch des Königs, 27. Juni 1791:
Der König wird ohne Frage die Bedingungen [der Revolutionäre] annehmen, sogar ohne sie zu lesen. Er hat keine Wahl. [...] Ist es nachvollziehbar zu glauben, dass ein Bourbone, der ein König ohne Bedingungen gewesen ist, der der Nachfolger von 60 solcher Könige ohne Einschränkungen ist, sich gutwillig den Bedingungen unterordnet? Nein, das ist nicht möglich. Unser Königtum, mit Bedingungen und Beschränkungen, kann man vielleicht einem Fürsten anbieten, der noch kein König ist; ein solcher Fürst würde sich geschmeichelt fühlen, König zu werden, sogar mit Bedingungen, die seine Macht beschränken, mit einem Wort: einem Fürsten, der bei uns und mit uns sein Glück machen würde. Anderenfalls ist es ein Irrtum, eine Dummheit, reiner Wahnsinn.

Nach dem Sturm auf die Tuilerien und der Absetzung des Königs, 28. August 1792:
Nichts ist schlimmer für Völker, als der Wechsel der Regierungsform und der Regierung und vor allem für uns Franzosen, die wir an die Monarchie gewöhnt sind. Sind wir fähig, sind wir würdig, Republikaner zu sein, sind wir nicht ein Volk, das zu alt, das zu reich, das zu unmoralisch, zu leichtsinnig ist, um sich einem strengen Regime wie einer voll und ganz demokratischen Republik zu unterwerfen? Man kann den Versuch machen; mir fällt es schwer zu glauben, dass er gelingen wird. Man wird sich dem Willen der größeren Zahl unterwerfen müssen. Welche Veränderung, großer Gott!

Während des Prozesses gegen Ludwig XVI., 9. Dezember 1792:
Der Prozess gegen den König beschäftigt hier jedermann. Die Gesichter drücken Trauer aus, die Herzen empfinden Schmerz, denn man sieht voraus, dass das Ergebnis für den armen Gefangenen fatal sein wird. Im Konvent gibt es eine Gruppe, die dem König ganz feindlich gegenüber steht, und diese Gruppierung hat zahlreiche Anhänger im Land. Es ist traurig, dass man einem Fürsten den Prozess machen muss, der unser König war. Zugegeben, er hat während der Revolution eine schlechte Politik betrieben, sowohl für sich selbst als auch für das Volk. Aber man musste erwarten, dass so etwas passiert, auf Grund seines Charakters und der immensen Machteinbußen, die er erlitten hat. Es scheint mir, dass dies kein hinreichender Grund ist, um ihm einen Prozess zu machen, der mit seinem Tod enden wird. Er ist unser Gefangener, man hat sich seiner Person entledigt, man will keinen König mehr. Dann soll man doch dafür sorgen, dass er unser Land verlässt. [...] Man wird allerdings nicht diese großmütige Linie verfolgen, die einer großen und stolzen Nation würdig wäre. Die Extremisten beherrschen den Konvent [...].

Nicolas Ruault: Gazette d'un Parisien sous la Révolution. Lettres à son frère 1783–1796, Paris 1976, S. 157, 248, 303, 318 f.

1. Erläutere, wie sich die Haltung Ruaults zu Ludwig XVI. und der Monarchie im Lauf der Jahre verändert.
2. Charakterisiere Ruaults politische Einstellung vor dem Hintergrund der Entwicklung in Frankreich zwischen 1789 und 1793.

M3 Maximilien Robespierre vor dem Nationalkonvent, 25. Dezember 1793

Es ist die Aufgabe einer verfassungsmäßigen Regierung, die Republik zu bewahren; das Ziel einer revolutionären Regierung ist es, diese erst zu errichten.

Revolution ist der Krieg der Freiheit gegen ihre Feinde; die Verfassung ist die Regierung einer siegreichen und friedlichen Freiheit. [...]

Die Hauptaufgabe einer verfassungsmäßigen Regierung ist die Freiheit der einzelnen Bürger, und die Aufgabe einer revolutionären Regierung ist die öffentliche Freiheit. Unter einer verfassungsmäßigen Regierung ist es fast ausreichend, die Freiheiten der einzelnen Bürger gegen staatliche Übergriffe zu schützen; unter einer revolutionären Regierung ist der Staat verpflichtet, sich gegen die Cliquen und Gruppierungen zu verteidigen, die ihn angreifen.

Eine revolutionäre Regierung schuldet guten Bürgern den Schutz des Staates, den Volksfeinden dagegen schuldet sie nur den Tod.

Aus: Philip Dwyer: The French Revolution and Napoleon. A Sourcebook, Florence 2002, S. 105

M4 Maximilien Robespierre vor dem Nationalkonvent, 10. Juni 1794

In der Republik, Bürger, stehen sich zwei klar formulierte Meinungen gegenüber: Die eine spricht sich dafür aus, dass die Verbrechen gegen die Freiheit unbedingt auf eine strenge Weise bestraft werden müssen; dies ist die Meinung derjenigen, die entsetzt sind über die schuldhafte Hartnäckigkeit, mit der man versucht, die alten Verschwörungen wiederzubeleben und neue zu erfinden [...]

Die andere Haltung ist die feige und kriminelle Einstellung der Aristokratie, die seit Beginn der Revolution unaufhörlich, sei es direkt oder indirekt, eine Amnestie für die Verschwörer und die Feinde des Vaterlands fordert. [...]

Die gesamte Republik informiert euch über neue Verschwörungen und die zahllosen ausländischen Agenten [...]; es ist vor diesem Hintergrund, dass der Wohlfahrtsausschuss den Gesetzesentwurf vorlegt, der gerade verlesen wurde.

Aus: John Hartman (Hrsg): French Revolutionary Documents, Bd. 2 1792–1795, Oxford 1973, S. 246f.

M5 Die wichtigsten Bestimmungen des Gesetzes vom 22. Prairial Jahr II, 10. Juni 1794

- Das öffentliche Verhör von Angeklagten wird abgeschafft.
- Verteidiger werden abgeschafft.
- „Moralische" Beweise für die Schuld von Angeklagten werden zugelassen.
- Zeugen der Verteidigung brauchen nicht gehört zu werden.
- Das Revolutionstribunal kann nur noch zwischen Freispruch und Todesstrafe entscheiden.

Nach: Colin Jones: The Longman Companion to the French Revolution, London, New York, S. 113

1. Stelle dar, welche Haltung Robespierre zum Terror einnimmt (M3 und M4).
2. Erläutere den politischen und militärischen Kontext, vor dem Robespierres Ausführungen zu sehen sind (M1).
3. Setze M5 in Beziehung zu den Darlegungen Robespierres.

M6 Palloy Patriote: Die Zehn Gebote eines Republikaners, Paris 1793/94

Du sollst jedem König auf ewig Hass und Krieg schwören.

Du sollst bis zum Frieden revolutionär handeln.

Du sollst alle Verdächtigen einsperren, ohne die geringste Nachsicht zu üben.

Du sollst die Priester unverzüglich von deinem Grund und Boden vertreiben.

Du sollst jeden Emigranten, der zurückkehrt, unverzüglich einen Kopf kürzer machen.

Du sollst in deine Clubs [keinen] Gemäßigten aufnehmen.

Du sollst den [Spekulanten] verfolgen wie auch den Gauner.

Du sollst keinem Eid eines ehemals Adligen vertrauen.

Du sollst täglich zu deinem Club gehen, um dich gründlich zu unterrichten.

Aus: Rolf Reichardt (Hg.): Ploetz – Die Französische Revolution, Freiburg 1988, S. 58f. (gekürzt)

M7 Gravur mit dem Titel: Das Volk, das die Könige vertilgt, 1793

1. Beschreibe die Gravur und formuliere ihre politische Botschaft (M7).
2. Arbeite den Zusammenhang heraus zwischen der Gravur einer- und den „Zehn Geboten eines Republikaners“ andererseits (M6).
3. Setze beide Materialien in Beziehung zur politischen und militärischen Lage Frankreichs 1793/1794.

M8 The Contrast, Britische Karikatur 1793

Aus: Michael Duffy: The Englishman and the Foreigner, Cambridge u.a. 1986

1. Interpretiere die Karikatur M8 und formuliere die ideologische Botschaft, die in ihr zum Ausdruck gebracht werden soll.
2. Vergleiche die Karikatur M8 mit der Karikatur M7.
3. Stelle deine Ergebnisse der Klasse vor.

M9 Petition der Sektion der Sansculotten in Paris an den Nationalkonvent, 2. September 1793

Seit 1790 war Paris in 48 Sektionen (städtische Verwaltungsbezirke) aufgeteilt. Die Selbstverwaltungskörperschaften dieser Sektionen wurden seit 1792 zum Zentrum der politischen Mobilisierung der radikal-revolutionären Aktivisten aus den unteren gesellschaftlichen Schichten.

Beauftragte des Volkes – Wie lange noch werdet ihr Royalismus, Ehrgeiz, Egoismus, Intrige, Habgier dulden – jedes dieser Laster steht in Verbindung mit dem religiösen Fanatismus und öffnet die Grenzen der Tyrannei, während es überall Zerstörung und Tod verbreitet.? Wie lange werdet ihr zulassen, dass Händler Lebensmittel horten und in der Republik eine Hungersnot verbreiten in der schändlichen Hoffnung, dass die Anhänger der Revolution (Patrioten) sich gegenseitig an die Gurgel gehen und die Monarchie auf unseren blutigen Leichen wiederhergestellt wird mit der Hilfe der ausländischen Despoten? Ihr müsst euch beeilen, denn es gilt, keine Zeit zu verlieren. [...]

Deshalb betrachtet es die Vollversammlung der Sektion der Sansculotten als die Plicht aller Bürger, Maßnahmen vorzuschlagen, die geeignet sind, den Überfluss an Lebensmitteln und öffentlicher Ruhe wiederherzustellen. Sie beschließt daher, den Konvent zu bitten, die folgenden Maßnahmen zu beschließen.

1. Ehemalige Adligen werden von militärischen Karrieren und jeglicher Art von öffentlichem Amt ausgeschlossen; ehemaligen Richtern an den höchsten Gerichtshöfen, Priester und Bankiers werden alle ihre Ämter in Justiz und Verwaltung entzogen:
2. Der Preis der Grundnahrungsmittel wird auf dem Niveau von 1789–1790 festgesetzt [...].
3. Die Preise von Rohmaterialien, das Lohnniveau und die Höhe der Profite in Industrie und Handel werden so festgelegt, dass der hartarbeitende Handwerker, der Bauer und der Händler in der Lage sein werden, sich die zum Leben notwendigen Dinge zu beschaffen sowie diejenigen Dinge, die zur Steigerung ihrer Lebensqualität beitragen.
4. Alle Bauern, die aufgrund eines Unfalls nicht in der Lage waren, ihre Ernte einzubringen, werden aus öffentlichen Mitteln entschädigt werden. [...]
6. Es soll festgelegt werden, dass der Reichtum eine bestimmte Höhe nicht überschreiten darf.
7. Keine Einzelperson darf mehr besitzen, als den staatlich festgelegten Höchstbetrag (Maximum).
8. Niemanden soll es erlaubt sein, mehr Land zu pachten, als von einer festzulegenden Anzahl von Pflügen bearbeitet werden kann.
9. Kein Bürger soll mehr als einen Handwerksbetrieb oder einen Laden besitzen. [...]

Die Sektion der Sansculotten geht davon aus, dass diese Maßnahmen Überfluss und Ruhe schaffen und Schritt für Schritt die gewaltigen Ungleichheiten beim Reichtum beseitigen und die Zahl der Eigentümer vervielfältigen werden.

Aus: D. G. Wright: Revolution and Tesrror in France. 1789 – 95, London/New York, 2. Aufl. 1990, S. 128–130

1. Erläutere den Gleichheitsbegriff der Sansculotten (M9).
2. Untersuche den Zusammenhang zwischen diesen Gleichheitsvorstellungen und den sonstigen Forderungen der Sansculotten (auch M6 und M7)

M10 Der amerikanische Historiker Robert Palmer über die „Schreckensherrschaft"

Der Wohlfahrtsausschuss war das erste Kriegskabinett [...] Als ein solches war er höchst erfolgreich. Er mobilisierte die gesamten menschlichen, materiellen, moralischen und wissenschaftlichen Ressourcen des Landes. Er verteidigte die Revolution und rettete sie wahrscheinlich vor ihrem Untergang, indem er die Anarchie im Landesinnern unterdrückte, die Frankreich 1793 für die Invasion der europäischen Monarchen geöffnet hatte. Und er initiierte die revolutionäre Offensive gegen die alte Ordnung jenseits der französischen Grenzen [...].

Der Wohlfahrtsausschuss war aber auch die erste Diktatur, deren erklärtes Ziel die vollständige Umgestaltung der Gesellschaft war. Mit diesem Ziel ist er gescheitert. Er begründete nicht die demokratische Republik oder die Republik der Tugend (in der politischen Philosophie der damaligen Zeit war das das Gleiche), zu der in den Augen des Wohlfahrtsauschusses die militärischen Erfolge nur eine notwendige Voraussetzung waren. Es gelang ihm nicht, die Republik auch nur auf Dauer zu etablieren. Die politischen Ziele des Wohlfahrtsauschusses gingen weit über das hinaus, was die französische Öffentlichkeit zu akzeptieren bereit war. Die Mitglieder des Wohlfahrtsausschusses und der Bergpartei* waren ein Überrest der ursprünglichen Revolutionäre, eine Minderheit, für deren Ideen die meisten Franzosen nicht bereit waren. Die Tatsache, dass sie eine Minderheit waren, war ein Grund, warum sie zum Terror Zuflucht nahmen. Der Terror seinerseits schützte zwar erfolgreich die Revolution, beschädigte aber die Republik, deren Grundlagen er legen sollte. Für den Durchschnittsfranzosen stand für fast 100 Jahre die Republik für Gewalt und Zwietracht, Unterdrückung der bürgerlichen Freiheiten, Verweigerung eines freien Parlaments, Verfolgung der Religion. [...] Nach dem Terror war Frankreich gespaltener als jemals zuvor. [...]

Der durchschnittliche Franzose wollte damals keine Staatsreligion, keine stark politisch geprägte Erziehung, keine von der Regierung vorgegebenen moralischen Verhaltensvorschriften, keine Wehrpflicht, keine staatliche Festsetzung von Preisen und Löhnen, keine Beschlagnahmung seines Eigentums, keine Zerstörung seiner lokalen Eigenheiten durch eine ferne nationale Regierung in Paris. Einige dieser Dinge finden sich heute auch in demokratischen Gesellschaften; alle finden sich in Staaten, die man jetzt als totalitär bezeichnet, und sie sind dort aufgrund des technischen Fortschritts, der seit damals stattgefunden hat, viel wirksamer verwirklicht als 1794.

Robert R. Palmer: Twelve who Ruled. The Year of the Terror in the French Revolution, Princeton, Oxford 1989, S. 384–386 (zuerst 1941)

* Der radikale Flügel der Jakobiner um Robespierre; so genannt, da die Abgeordneten auf den oberen Sitzreihen im Nationalkonvent Platz genommen hatten und deshalb als der „Berg" bezeichnet wurden.

M11 Der französische Historiker Francois Furet über die „Schreckensherrschaft"

Es wäre falsch, sich [den Terror] nur als das Ergebnis des Drucks der Sansculotten oder als die blutigen Exzesse gewisser Konventskommissare vorzustellen. [...]

Schon 1789 konnte die Französische Revolution wirklichen oder vermeintlichen Widerstand nur als eine gigantische, nie endende Verschwörung verstehen, die im Namen der unteilbaren Souveränität ununterbrochen von einem Volk zerschlagen werden musste, das einen einzigen Körper bildete. Die Revolutionäre konnten sich niemals vorstellen, dass es eine Möglichkeit geben müsse, auf legale Weise Kritik oder gar Widerstand gegen ihre Politik zu äußern: das Volk hatte sich das absolutistische Erbe angeeignet und den Platz des Königs übernommen. Folglich gab es für sie nur einen Art und Weise, über das Volk in seiner wiedergewonnenen Legitimität zu denken, und das war die Vorstellung, dass [das Volk] eine Einheit bildete, die unabhängig war von den privaten Interessen der einzelnen Menschen.

Verschwörung war die andere Seite dieser Sichtweise, eine Gegenrevolution, die böse war und im Verborgenen agierte, während das Volk gut und in der Öffentlichkeit tätig war [...]

Der Terror war ein Regime, bei dem die Machthaber diejenige bestimmten, die [aus der Nation] ausgeschlossen werden sollten, um diese zu reinigen. [...] Diese Analyse behauptet nicht, dass es keine Unterschiede zwischen 1789 und 1793 gab. Die Umstände waren nicht vergleichbar, und natürlich waren diese Umstände nicht ohne Bedeutung. Aber die politischen Vorstellungen und Haltungen, die zum Terror führen konnten, waren in der Französischen Revolution schon im Sommer 1789 vorhanden.

François Furet: Revolutionary France 1770–1880, Oxford 1992, S. 140

1. Fasse Robert Palmers Interpretation des Terrors zusammen (M10).
2. Untersuche, inwiefern Palmer die Jakobinerherrschaft als einen Vorläufer der totalitären Diktaturen des 20. Jahrhunderts (Nationalsozialismus, Stalinismus) betrachtet.
3. Vergleiche Palmers Position mit derjenigen Furets (M11).

Die Mainzer Republik

M1 Krieg und Revolutionsexport

Der Krieg zwischen dem revolutionären Frankreich und den europäischen Monarchien verlief äußerst wechselhaft. Mehrmals erlitten die französischen Truppen schwere Niederlagen und drangen die Armeen der verbündeten Monarchen nach Frankreich vor. Spätestens seit Sommer 1794 veränderte sich die Lage aber dauerhaft zugunsten Frankreichs, das jetzt zur dominierenden Macht in West-, Mittel- und Südeuropa wurde. In einem Teil der von ihnen besetzten Gebiete errichteten die Franzosen in Zusammenarbeit mit örtlichen Revolutionsanhängern „Schwesterrepubliken" genannte Satellitenstaaten. Dies war u. a. in den Niederlanden, der Schweiz und Oberitalien der Fall. Andere Gebiete, wie z. B. das heutige Belgien, wurden von Frankreich annektiert und der Republik eingegliedert.

In Deutschland besetzten die Franzosen im Herbst 1792 zeitweise die linksrheinischen Gebiete zwischen dem pfälzischen Landau und Bingen am Mittelrhein. Die wichtigste Stadt in diesem Gebiet war Mainz. Hier und in anderen Orten entstanden Jakobinerclubs, in denen sich die örtlichen Anhänger der Französischen Revolution unter Führung von Angehörigen des aufgeklärten Bildungsbürgertums organisierten und versuchten, die Bevölkerung für die Ideen der Revolution zu begeistern. Im Frühjahr 1793 wurde hier ein „Nationalkonvent der freien Deutschen" gewählt, der die republikanische Staatsform einführte und den Anschluss der „Mainzer Republik" an Frankreich verkündete. Die Beteiligung an den Wahlen war, wie übrigens auch bei den Wahlen zum Nationalkonvent im Sommer 1792 in Frankreich selbst, gering und lag in Mainz bei nur acht Prozent. Schon wenige Monate später wurde Mainz von preußischen Truppen zurückerobert, so dass das erste republikanische Experiment auf deutschem Boden eine Episode blieb.

Das gesamte linke Rheinufer von Landau bis Aachen wurde seit 1798 Teil Frankreichs. Es wurde in vier Departements aufgeteilt, und die Veränderungen, die die Revolution in Frankreich bewirkt hatte, wurden hier eingeführt.

Verfassertext

1. Erläutere den innenpolitischen und außenpolitischen Kontext in Frankreich, in dem die Mainzer Republik entstand.
2. Informiere dich über die politischen und gesellschaftlichen Verhältnisse im Kurfürstentum Mainz zur Zeit der Französischen Revolution und stelle deine Ergebnisse der Klasse vor.

M2 Aus der Proklamation der Kommissare des Nationalkonvents an die Bevölkerung der besetzten deutschen Gebiete, 18. Februar 1793

Die meisten [der] befreiten Nachbarn [Frankreichs] fühlten, dass sie, um ihre Freiheit zu behaupten, sich an die mächtige fränkische Nation anschließen und mit ihnen wider die Despoten als ihre gemeinschaftlichen Feinde auch gemeinsame Sache machten müssten. So haben die Einwohner von Savoyen und der Grafschaft Nizza die Franken ersucht, sie in ihren Schoß aufzunehmen. Ihr Bitten ward gewährt [...]. So wie sich die Tyrannen gegen die Völker verbunden haben, so kettet sich ein Volk nach dem anderen durch einen großen Völkerbund zusammen, um den Tyrannenbund zu zerschmettern. [...]

Wir bringen Euch also Freiheit und Gleichheit und sind weit entfernt, Euch als eroberte Untertanen behandeln zu wollen, wie dies die Despoten bisher getan haben, die alle Völker, zu welchen sie mit siegreichen Waffen gedrungen, genötigt haben, die Gesetze, die ihnen die Eroberer auferlegt hatten, zu befolgen. Die fränkische Nation will Euch keine Gesetze, keinen Zwang vorschreiben; sondern sie will Euch Gelegenheit geben, Euch selbst Gesetze zu machen und solchen Personen zu gehorchen, denen Ihr die Vollstreckung der von Euch selbst gemachten Gesetze aufgetragen.

Aus: Heinrich Scheel (Hg.): Die Mainzer Republik II. Protokolle des Rheinich-deutschen Nationalkonvents mit Quellen zu seiner Vorgeschichte, Berlin (DDR) 1981, S. 236f.

M3 Georg Forster über die Wahlen in Mainz, 26. Februar 1792

Diesen Morgen wurde durch das Geläute der Glocken [...] das Zeichen zum Anfange der Urversammlungen gegeben. Mutvoll traten die patriotisch gesinnten Bürger zusammen, um ein Recht auszuüben, das ihren Vorvätern von Despoten entrissen wurde – das Recht, durch freie Wahl, als freie Männer, die dem Volke der Freiheit und Gleichheit schwuren, sich Volksbeamte und Richter zu wählen, die die Gesetze handhaben sollen.

Wenn auch schon in einigen Sektionen die Anzahl gering, so war ihr Mut desto größer, ihre Entschlossenheit desto rühmlicher, und diese Männer mehr wert, als eine 10fache größere Zahl anderer, deren Mut, Entschlossenheit oder gar der Wille mangelt, das Gute für sich selbst, für Kinder und Enkel zu wollen. Tückisch und mit zaghafter Gebärde, wie der Feind des Lichts, der nur im Dunkeln einherwandelt, schlichen die Sklavenseelen herum [...]. So sehr auch mancher feigherzige aristokratisch Gesinnte mit dem Munde denen drohte, die sich für die Franken erklärten und ihren Schwur zur Freiheit die Bande der Sklaverei, welche nur bisher übermütige Priester zu erhalten wussten, zertrümmerten – ebenso mutlos und beschämt schlichen sie mit heimtückischer Miene über die Straße oder belauschten die Vorübergehenden hinter ihren Fenster-Gardinen [...] [D]ie aber, welche auf ihre Anhänglichkeit an Deutschlands Fürsten beharren, werden es sich selbst zuzuschreiben haben, wenn sie als Feinde der Franken betrachtet, so behandelt und zu denen gleichfalls übergeführt werden, deren Partei sie mit so vielen Wärme ergreifen.

Neue Mainzer Zeitung/Der Volksfreund v. 26.2.1793. Aus: Franz Dumont u. a. (Hg.): Mainz. Die Geschichte der Stadt, Mainz o. J., S. 334 (Rechtschreibung modernisiert)

M4 Anton Hoffmann über die Wahlen in Mainz, 1793/94

Nach einer feierlichen Stille begann endlich der für die Einwohner von Mainz so schreckbare Tag, an dem mit einem Male noch alle Überbleibsel der alten monarchischen mit dem deutschen Reiche verbundenen Staatsverfassung ohne alle Rücksicht übern Haufen geworfen werden sollten [...]. Der sonntägliche Gottesdienst wurde von Leuten, welche denselben in ihrem Leben noch nicht versäumt hatten, diesmal unbesucht gelassen [...]. Um diese Stunde (halb acht) versammelten sich die [...] Klubsbrüder und einige zaghafte Bürger in den bekannten Kirchen [...]. Eine jede Kirche war an den Eingängen mit einer Wache besetzt, welche die Stimm- und Wahlunfähigen abzuhalten hatte. Während dem Gottesdienst patrouillierten mehrere Abteilungen der schweren Reiterei, teils mit entblößtem Säbel, teils mit geladenen und gespannten Pistolen, um die Ruhe und Ordnung unter den nicht schwörenden Einwohnern zu erhalten, die nicht schwörenden blieben in ihren Wohnungen ruhig.

Nach geendigtem Gottesdienst begann endlich die Eidesleistung „treu zu sein dem Volke und den Grundsätzen der Freiheit und Gleichheit", und mit dieser zugleich die Wahl eines Maire [...] und 6 Deputierten zum Mainzer Nationalkonvent [...].

Anton Hoffmann, Darstellung der Mainzer Revolution, Frankfurt/M., Leipzig 1793/1794, S. 750–753. Aus: Franz Dumont u. a. (Hg.): Mainz. Die Geschichte der Stadt, Mainz o. J., S. 335 (Rechtschreibung modernisiert)

1. Stelle die wesentlichen Aussagen der Proklamation der Kommissare des Nationalkonvents (M2) dar.
2. Vergleiche die beiden Berichte über die Wahlen in Mainz (M3 und M4) und arbeite die politische Position der Verfasser heraus.
3. Informiere dich über die Biografie Georg Forsters und stelle deine Ergebnisse der Klasse vor.

M5 Frank-Walter Steinmeier zur Mainzer Republik

Rede von Bundespräsident Dr. Frank-Walter Steinmeier bei der Festveranstaltung „225 Jahre Mainzer Republik" am 19. März 2018 in Mainz:

Die Mainzer Republik, die vor 225 Jahren [...] ausgerufen wurde, sie markiert den Beginn des schwierigen deutschen Wegs zur parlamentarischen Demokratie. Es war, wie wir wissen, ein krummer und steiniger Weg, und das frühe demokratische Experiment in dieser Stadt steht in einzigartiger Weise für seine Widersprüche, Brüche und Rückschläge.

Ich bin überzeugt, nur ein differenziertes und kritisches Gedenken kann dazu beitragen, die demokratische Tradition unseres Gemeinwesens zu stärken. Wenn wir heute an die Mainzer Republik erinnern, dann erinnern wir uns an beides: an die erste freiheitliche und demokratische Bewegung, die es auf deutschem Boden gab, aber auch an die Schattenseiten des Regimes, das die Mainzer Demokraten dann mit Hilfe der französischen Besatzungskräfte ins Leben riefen. [...]

Im Herbst des Jahres 1792, kurz nachdem französische Revolutionstruppen Mainz besetzt hatten, versuchten einige Bürger dieser Stadt, die Menschen in der Region zwischen Landau und Bingen für die Demokratie zu begeistern. [...]

[Die Mainzer Demokraten], allesamt begeisterte Anhänger der Aufklärung, sahen damals die historische Chance gekommen, unter dem Waffenschutz der französischen Truppen die Ideen von 1789 auch auf deutschem Boden zu verwirklichen. Sie wollten die Ketten der ständischen Ordnung sprengen und von Untertanen zu Bürgern werden.

Und um dieses Ziel zu erreichen, starteten sie eine wirklich bemerkenswerte politische Kampagne: Sie diskutierten im Jakobinerklub öffentlich über Grundfragen von Staat und Gesellschaft, verteilten Flugschriften in Stadt und Land, publizierten Artikel in nicht weniger als sieben revolutionären Zeitungen, errichteten Freiheitsbäume und feierten Freiheitsfeste.

In keiner anderen Stadt des Heiligen Römischen Reiches gab es damals eine so breite Politisierung der Bürgerschaft wie in Mainz. Vieles von dem, was hier gedacht und geäußert wurde, hatte intellektuelles Gewicht, wies in die Zukunft und wurde von hier aus weitergetragen. [...]

All das blieb nicht ohne Wirkung. Ideen und Aktionen der Mainzer Jakobiner stießen über die besetzten Gebiete hinaus bei demokratisch gesinnten Kräften auf Gehör, und sie beeinflussten auch die liberale Bewegung des Vormärz. [...]

Zur historischen Wahrheit gehört aber auch, dass es den Mainzer Jakobinern damals nicht gelang, das Volk in den besetzten Gebieten Rheinhessens und der Pfalz für die Volksherrschaft zu gewinnen, aller Leidenschaft und allen aufklärerischen Anstrengungen zum Trotz. Ihre liberale Idee, mit Argumenten und Überzeugungskraft zu einer demokratischen Republik zu gelangen, ging nicht auf. Die Mehrheit wollte diese Revolution nicht, aus ganz unterschiedlichen Gründen.

Was dann geschah, hat der Mainzer Historiker Franz Dumont als „Despotismus der Freiheit" bezeichnet. Die französischen Besatzer gingen dazu über, die Republik mit Zwang ins Werk zu setzen. Zeitgenössische Quellen berichten: Neben dem Freiheitsbaum wurden Galgen aufgestellt, und wer an den Wahlen zum Konvent teilnehmen wollte, der musste vorher einen Eid auf Freiheit und Gleichheit schwören. [...]

Natürlich wäre es falsch, das politische Experiment, das die Mainzer Jakobiner damals in Gang setzten, einfach nach heutigen Maßstäben zu beurteilen. Aber es gilt doch festzuhalten, dass sie beim Versuch, ihre demokratischen und aufklärerischen Ideale zu verwirklichen, auch in Widerspruch zu eben diesen Idealen geraten sind. Als sendungsbewusste Minderheit fühlten sie sich im Recht, der Mehrheit im Namen der „ewigen Vernunftgesetze" ihre Wahrheit aufzuzwingen, und ihr Demokratieversuch trug Züge dessen, was man später eine Tugenddiktatur genannt hat.

Bulletin der Bundesregierung, 31-1 v. 19.3.2018

1. Analysiere Steinmeiers Haltung zur Mainzer Republik.
2. Nimm Stellung zu dieser These des Bundespräsidenten: „Die Mainzer Republik, die vor 225 Jahren [...] ausgerufen wurde, sie markiert den Beginn des schwierigen deutschen Wegs zur parlamentarischen Demokratie."

Der Weg zur charismatischen Militärmonarchie

M1 Frankreich nach der Schreckensherrschaft

A Nach dem Sturz Robespierres versuchen seine siegreichen Gegner 1794/1795, zu einem auf Gewaltenteilung und Wahlen beruhenden System zurückzukehren, allerdings ohne ernsthaft an die Wiederherstellung der Monarchie zu denken.

B An der Spitze der neuen Verfassung stehen fünf Direktoren, es gibt zwei sich ausbalancierende parlamentarische Vertretungen sowie ein kompliziertes Wahlsystem, das den Einfluss der Unterschichten minimieren soll. Auf alle Fälle soll verhindert werden, dass sich wie zwischen 1792–94 die gesamte Macht in einer Körperschaft oder gar in einer Person zusammenballt.

C Die neue Republik wird allerdings von großen Teilen der Bevölkerung abgelehnt. Sowohl Royalisten als auch Republikaner in der Tradition Robespierres versuchen, sowohl auf friedlichem Wege (Wahlen) als auch gewaltsam (Aufstände) eine Änderung zu ihren Gunsten herbeizuführen. Bei den Royalisten mischt auch ganz massiv der britische Geheimdienst mit.

D Das Direktorium wird deshalb immer abhängiger von der Armee, sowohl zur Niederschlagung innerer Aufstände als auch zur Finanzierung der Staatskasse mittels der Ausplünderung der eroberten Gebiete.

E Der Oberbefehlshaber der Italienarmee, der junge General Napoleon Bonaparte, wird aufgrund seiner Erfolge gegen die Österreicher in Italien und umfassender Propagandakampagnen immer mehr auch zu einem innenpolitischen Machtfaktor.

F In großen Teilen der Bevölkerung, die die politische Instabilität ablehnt und sich nach Ruhe, Ordnung und Sicherheit des Eigentums sehnt, wächst der Wunsch nach einer autoritären Führung, nach einem „starken Mann" und charismatischen Führer. Zunehmend erscheint Bonaparte als die Verkörperung dieser Wünsche.

G Im November 1799 stürzt Bonaparte in einem – dilettantisch durchgeführten – Militärputsch das Direktorium und lässt eine neue Verfassung ausarbeiten, in dem die entscheidende Macht in seinen Händen als Erster Konsul liegt. In einer massiv manipulierten Volksabstimmung bewilligt die Bevölkerung mit einer überwältigenden Mehrheit die Machtergreifung des Generals.

H Auf der Basis seiner militärischen Erfolge gegen die Verbündeten europäischen Großmächte und der wirtschaftlichen Erholung und politischen Stabilisierung im Innern, aber auch mit Zensur, Repression und Propaganda baut Bonaparte seine Machtposition weiter aus: 1802 wird er Konsul auf Lebenszeit, zwei Jahre später krönt er sich zum Kaiser der Franzosen. Beide Schritte werden durch Plebiszite legitimiert.

I Bonaparte gelingt es in diesen Jahren, die Spannungen mit der Katholischen Kirche wenigstens zeitweise abzubauen, einen Teil der royalistischen Emigranten zur Rückkehr zu bewegen, ein Gesetzbuch ausarbeiten zu lassen (Code Civil), das viele Errungenschaften der Revolution festschreibt, und ein zentralistischen Verwaltungssystem zu errichten. Auch die wirtschaftliche Lage stabilisiert sich.

Verfassertext

1 Untersuche, inwiefern sich Bonaparte in seiner Propaganda sowohl als „Vollender" als auch als „Überwinder" der Revolution darstellen kann.

M2 Zeitgenössische Stimmen zum Aufstieg Napoleon Bonapartes

Jacques Mallet du Pan, London 1799: Und wo werden wir diesen [...] Monarchen finden, der den Mut haben wird, sich von Königsmördern und Demokraten auf den Thron setzen zu lassen und der Schande, der Instabilität und den Gefahren seines Amtes zu trotzen? An einem der europäischen Höfe? [...] Wird Frankreich selbst aus dem Dreck der Revolution diesen geliehenen Monarchen bereitstellen und ihn auf den Thron Karls des Großen setzen?

Napoleon Bonaparte, Paris 1800: Die Franzosen können nur noch von mir regiert werden. Ich bin überzeugt davon, dass niemand, selbst Ludwig XVIII. oder sogar Ludwig XIV. nicht, das Land regieren kann außer mir.

Thomas Paine, Paris 1802: Nennen Sie dies eine Republik? [...] Ich kenne keine Republik auf der Welt außer Amerika, welches das einzige Land ist für solche Leute wie Sie und ich. Ich beabsichtige, so schnell wie möglich Frankreich zu verlassen. [...] Ich habe genug von Europa und seiner sklavischen Politik.

Jeweils aus: R. R. Palmer: The Age of the Democratic Revolution. A Political History of Europa and Amerika. 1760 – 1800, Princeton 2014, S. 775

Eine Stimme aus dem südfranzösischen Departement Var, 1802:
Der Liebling des Mars und der Freund von Minerva!
Der Schrecken Europas und der Freund der Franzosen!
Bonaparte! [...] Großer Gott, möge deine Hand ihn beschützen!
Möge er unser Konsul sein und möge er es für immer sein!

Eine Stimme aus dem südfranzösischen Departement Aude, 1802: Ich bewundere wie so viele andere Bonapartes militärische und politische Talente, aber meine Begeisterung bringt mich nicht dazu zu glauben, dass er unfehlbar ist oder ihn unter die Götter zu zählen. Geleitet von diesen Überlegungen, bin ich nicht der Meinung, dass Napoleon Bonaparte zu Konsul auf Lebenszeit berufen werden sollte.

Jeweils aus: Philip Dwyer: The French Revolution and Napoleon. A Sourcebook, Florence 2002, S. 153

M3 Napoleon krönt sich und seine Frau, 2. Dezember 1804

Jacques-Louis David: Le Sacre de Napoléon, Öl auf Leinwand 1806-1807

1. Erläutere die in M2 zum Ausdruck kommenden politischen Positionen.
2. Informiere dich über den Aufstieg Napoleon Bonapartes bis zur Kaiserkrönung und stelle deine Ergebnisse der Klasse vor.
3. Diskutiere, ob das Herrschaftsverständnis, das in dem Gemälde (M3) zum Ausdruck kommt, mit den Idealen der Revolution von 1789 vereinbar ist.

M1 Karl August Freiherr von Hardenberg: Über die Haltung der Deutschen gegenüber der Französischen Revolution, 24. Januar 1794

Karl August Freiherr von Hardenberg (1750–1822) war preußischer Diplomat und Politiker.

Man würde sich täuschen, wenn man nicht in Deutschland eine Klasse von Bösewichtern oder Schwindelköpfen sähe, die [jetzt] noch von den französischen Grundsätzen angesteckt, die ganze Anwendung derselben wünschen. Hoffentlich ist sie nicht zahlreich, wenigstens gewiss nicht so sehr, als ehedem, bevor man die französische sogenannte Freiheit ganz kannte; aber sie hebt doch hin und wieder [...] ihr Haupt wieder empor und würde durch Verführung äußerst gefährlich werden, wenn feindlicher Einfall oder etwa eine unvorsichtige Bewaffnung der Untertanen oder andere sie begünstigende Umstände einträten.

Eine zweite Klasse verabscheut zwar die französischen Grundsätze und die dortige Zügellosigkeit, wünschte aber doch eine Revolution in Deutschland, indem sie dem deutschen Charakter, vielleicht zu gutmütig – zutraut, er sei solcher Dinge nicht fähig und werde in gewissen Schranken bleiben. Diese weit zahlreichere als die erste zählt zuverlässig viele großen Einfluss habende Geschäftsmänner unter sich und arbeitet im Stillen nach einer Revolution hin.

Eine dritte Gattung sieht zwar manche Mängel in unseren Verfassungen, hält aber dafür, es sei besser, solche nach und nach unvermerkt abzustellen, Mäßigung, Gerechtigkeit und die Gesetze, welche allmählich den Zeitumständen nach zu formieren, herrschen zu lassen, dem Talent und dem Verdienst aus allen Ständen eine freie Konkurrenz zu eröffnen, darin und in unparteiischer gleicher Anwendung der Gesetze, in möglicher gleicher Verteilung der Lasten, völliger Sicherheit des Eigentums und der Person, wahre Freiheit zu setzen und solche mit Religion und bürgerlicher Ordnung, ohne welche sie nicht bestehen können, zu verbinden. Diese Klasse, hoffentlich auch zahlreich, wünscht einen sicheren Frieden, um jene Pläne desto besser und schneller erfüllt zu sehen. Sie wird am geeignetsten sein, zu allen Maßregeln beizutragen und eigene Kräfte aufzuopfern, um diesen Zweck recht bald zu bewirken.

Eine vierte, geschreckt durch den Gedanken, irgend ein Vorrecht zu verlieren, fällt in das extrem: Alles aufs äußerste treiben zu wollen, und dadurch nicht selten in Härte, Stolz und Ungerechtigkeit, beurteilt den Geist der Zeit gar nicht, und handelt darin ganz verkehrt, indem sie gleich der ersten Klasse Animosität und Gährung vermehrt. Sie findet sich wohl nur bei einem Teil der privilegierten Stände und bei einigen Geschäftsmännern. [...]

Aus: Wolfgang v. Hippel (Hg.): Freiheit, Gleichheit, Brüderlichkeit? Die Französische Revolution im deutschen Urteil von 1789 bis 1945, München 1989, S. 55–56 (Rechtschreibung modernisiert)

M2 Clemens Graf von Metternich über die Französische Revolution, August 1794

Clemens Graf von Metternich (1773–1859) war österreichischer Diplomat und Politiker.

Die Französische Revolution hat jene Stufe erreicht, von welcher sie alle Staaten Europas den Untergang zu drohen scheint. [...] Großen und ungewöhnlichen Übeln können nur große und ungewöhnliche Mittel steuern.

In einer ganzen Volksbewaffnung begreife ich also nicht diese dem Staate zu allen Zeiten so gefährliche Klasse der Unbeschäftigten, Nichstbesitzenden und fast stets zum Aufstande bereiten Menschen, welche sich seit einigen Jahren in großen Städten besonders außerordentlich vermehrte. Man gebe oder erlaube vielmehr dem Bürger und dem [besitzenden] Bauern zu den Waffen zu greifen und selbst an Abwendung der ihm so stark drohenden Gefahr zu helfen. Wer würde sich weigern, sein Vermögen – sein Eigentum – sein Weib – seine Kinder zu verteidigen? Wer nicht mit Freuden sich zu siegreichen Armeen gesellen? Nur ein Paar glückliche Ereignisse und den weiteren Fortschritten der Revolution würden bald unübersteigliche Dämme gesetzt sein.

[...] Hausväter und Besitzer, streitet in gleichem Gliede mit den tapferen Verteidigern eures Vaterlandes, eurer Fürsten, eures Eigentums. Vor euch vereint werden die räuberischen Horden fliehen – zu euch sich die Gutgesinnten aller Völker gesellen. Euch verdankt dann Europa seine Erhaltung und Generationen ihre Ruhe.

Aus: Wolfgang v. Hippel (Hg.): Freiheit, Gleichheit, Brüderlichkeit? Die Französische Revolution im deutschen Urteil von 1789 bis 1945, München 1989, S. 56–58 (Rechtschreibung modernisiert)

1. Stelle dar, wie Hardenberg die Lage in Deutschland sieht und welche Gegenmaßnahmen er gegen ein Übergreifen der Französische Revolution vorschlägt. (M1)
2. Vergleiche seinen Ansatz mit demjenigen Metternichs. (M2)
3. Erläutere den zeitgeschichtlichen Hintergrund der beiden Materialien, indem du die Entwicklung in Frankreich und Europa zwischen Sommer 1792 und Sommer 1794 in Grundzügen darstellst und auf die Materialien beziehst.
4. Verfasse einen Zeitungsartikel, in dem ein ehemaliger Anhänger der „Mainzer Republik" sich im französischen Exil mit den Ansichten Hardenbergs und Metternichs auseinandersetzt.

Erwartungshorizont

Aufgabe 1

Hardenberg analysiert die Einstellung der Deutschen zur Französischen Revolution. Er unterscheidet dabei vier verschiedene Gruppen: Erstens die Anhänger einer Revolution nach französischen Muster; zweitens die Sympathisanten einer dem „deutschen Charakter" entsprechenden, weniger extremen und gewalttätigen Revolution; drittens die Anhänger einer umfassenden Reform von oben durch die Regierungen und schließlich viertens die kompromisslosen Verteidiger des Status quo und Gegner jeglicher Veränderungen. Hardenberg selbst rechnet sich der dritten Gruppe zu.

Insgesamt geht es Hardenberg darum, ein Übergreifen der Revolution auf Deutschland zu verhindern. Hierfür scheint ihm zum einen die Umsetzung seines in der vorliegenden Quelle skizzierten Reformprogramms nötig, zum anderen die Beendigung des Krieges gegen das revolutionäre Frankreich.

Aufgabe 2

Anders als Hardenberg sieht Metternich die Bedrohung primär als ein außenpolitisches Phänomen an. In seinen Augen geht es darum, das Vordringen der „räuberischen Horden" der Franzosen zu stoppen. Also dürfe man den Krieg nicht beenden, sondern müsse ihn im Gegenteil radikalisieren. Zu diesem Zweck schlägt er eine Art Levée en masse (Volksbewaffnung) der besitzenden Schichten in Deutschland und ganz Europa vor.

Hardenberg seinerseits lehnt eine solche Volksbewaffnung entschieden ab und bezeichnet sie als eine unvorsichtige Maßnahme, die den revolutionären Kräften neuen Auftrieb verleihen könne.

Aufgabe 3

Die Prüflinge können einige der im Folgenden genannten Entwicklungen ansprechen:

- den Krieg zwischen dem revolutionären Frankreich und dem monarchischen Europa seit 1792
- die Radikalisierung der Revolution im Sommer 1792, den Sturz Ludwigs XVI., die Ausrufung der Republik und den Zusammentritt des Nationalkonvents
- den Versuch einer Revolutionierung der an Frankreich angrenzenden Gebiete
- die Krise der revolutionären Ordnung 1792/93: militärische Niederlagen gegen die Alliierten, royalistische Aufstände, Machtkämpfe im revolutionären Lager, Wirtschaftskrisen und Sozialproteste
- die Herrschaft des Wohlfahrtausschusses
- die militärischen Erfolge der französischen Armeen seit Ende 1793
- den Sturz Robespierres und die Abwendung vom Massenterror

Hardenberg schreibt zur Zeit des Höhepunkts des Terrors, zu einem Zeitpunkt, an dem der militärische Umschwung zugunsten Frankreichs noch nicht deutlich ist. Metternichs Memorandum dagegen datiert aus dem Sommer 1794, also aus der Zeit nach dem Sturz Robespierres und angesichts der großen militärischen Erfolge der revolutionären Armeen.

Aufgabe 4

Die Prüflinge können in ihrem „Zeitungsartikel" durchaus unterschiedlich argumentieren. So könnte der Autor aus einer eher gemäßigt republikanischen oder aus einer jakobinischen Perspektive schreiben. Dabei könnten z. B. einige der im Folgenden genannten Argumente benutzt werden:

- Hardenberg und Metternich seien Illusionisten, da die revolutionären Ideen genauso wenig gestoppt werden können wie die Armeen der Republik. Weder die von Hardenberg geforderten „Reförmchen" noch Metternichs Bewaffnung der Reichen würde in der Lage sein, den Zorn des Volkes auf die Herrschenden zu unterdrücken.
- Die Mainzer Republik habe gezeigt, dass es auch die Deutschen schaffen können, eine republikanische Ordnung zu errichten und die „Prinzipien von 1789" in Deutschland zur Anwendung zu bringen.
- Die Wutausfälle der beiden Autoren („Bösewichte", „Schwindelköpfe", „räuberische Horden" usw.) zeigten nur, wie groß die Angst der deutschen Privilegierten vor einer Revolution sei.
- Die Dämonisierung der Revolution übersehe, dass der Einsatz repressiver Mittel nur nötig gewesen sei, weil Konterrevolutionäre und Verräter dabei gewesen seien, das segensreiche Werk der Revolution zu untergraben.

Literatur

Einführungen und Gesamtdarstellungen

Fehrenbach, Elisabeth: Vom Ancien Régime zum Wiener Kongress, München, 5. Auflage, 2008
Kruse, Wolfgang: Die Französische Revolution, Paderborn u. a. 2005
Reichardt, Rolf: Das Blut der Freiheit. Französische Revolution und demokratische Kultur, Frankfurt/M. 1998
Reichardt, Rolf (Hg.): Ploetz – Die Französische Revolution, Freiburg 1988
Schulin, Ernst: Die Französische Revolution, München, 5. Auflage, 2013
Thamer, Hans-Ulrich: Die Französische Revolution, München, 4. Auflage, 2013

Neuere wissenschaftliche Studien

Israel, Jonathan: Revolutionary Ideas. An Intellectual History of the French Revolution from the Rights of Man to Robespierre, Oxford, Princeton 2014
Martin, Jean-Clément: Nouvelle histoire de la Révolution française, Paris 2012
Tackett, Timothy: The Coming of the Terror in the French Revolution, Cambridge, Massachusetts, London 2015

Drei immer noch lesenswerte „Klassiker"

Lefebvre, Georges: La Révolution française, Paris 1951
Palmer, Robert R.: The Age of Democratic Revolution. A Political History of Europe and America, 1760–1800, Princeton, Oxford 2014 (zuerst erschienen in zwei Bänden 1959–1964)
Palmer, Robert R.: Twelve Who Ruled. The Terror in the French Revolution, Princeton und Oxford 1989 (zuerst erschienen 1941)